DEUX MOTS

SUR

LA MISE EN ACCUSATION

DES MINISTRES.

IMPRIMERIE ANTHELME BOUCHER,
RUE DES BONS-ENFANS, N°. 34.

DEUX MOTS

SUR

LA MISE EN ACCUSATION

DES MINISTRES,

PAR M. COTTU.

PAR M. ***

> Mihi Galba, Otho, Vitellius nec beneficio, nec injuriâ cogniti.
>
> SUET.

PARIS.

DELAFOREST, LIBRAIRE, PLACE DE LA BOURSE

RUE DES FILLES-SAINT-THOMAS, N°. 7.

1827.

DEUX MOTS

SUR

LA MISE EN ACCUSATION DES MINISTRES,

PAR M. COTTU.

PAR M.***

> Nil C[illegible], Oh[illegible], Vaillas sed
> hon[illegible], nec [illegible] cognita.
>
> Senr.

PARIS.

DELAFOREST, LIBRAIRE, PLACE DE LA BOURSE,
RUE DES FILLES-SAINT-THOMAS, N°. 7.

1827.

DEUX MOTS

SUR

LA MISE EN ACCUSATION

DES MINISTRES.

On s'est plaint avec amertume, et certes ce n'est pas sans raison, de la manière acerbe dont les adversaires du ministère l'attaquent depuis quelque temps : sans doute, chacun a le droit de publier ses opinions sur telle ou telle partie de l'administration ; mais la polémique doit être d'autant plus réservée, que l'objet en discussion est plus grave ; les personnalités et les injures sont de mauvais argumens, et depuis deux sessions, on ne les a pas épargnées aux ministres du Roi.

Aussi long-temps que des écrivains obscurs,

des pamphlétaires les ont injuriés, ils ont pu mépriser des grossièretés parties de si bas; mais lorsqu'on voit entrer en lice des hommes qui ont dans le monde une certaine importance, soit par leur rang, soit par leurs fonctions, et qui, par cela seul, donnent un certain poids à leurs écrits, il importe de faire apercevoir combien est fragile la base sur laquelle reposent leurs raisonnemens, et de démontrer à ceux qui croient tout sur parole, qu'ils ne doivent s'en laisser imposer ni par le nom de l'écrivain, ni par une indignation de commande.

Telle a été ma pensée en lisant la nouvelle brochure publiée par M. Cottu, conseiller à la cour royale de Paris. En voyant un grave magistrat se jeter dans la mêlée et venir prendre parti dans un pareil combat, on doit croire qu'il s'est présenté avec des armes bien trempées, et que, sûr du succès, rien ne pourra résister à ce choc imprévu : c'est donc dans cette persuasion que j'ai lu cet ouvrage, prôné et vanté long-temps avant sa publication, sans doute pour lui procurer un plus rapide écoulement; et je dois en convenir, mon attente a été trompée.

En jetant sur le papier quelques-unes des réflexions que m'a inspirées cette brochure, je n'ai point l'intention de me mesurer avec un écrivain aussi habitué à la polémique que paraît l'être M. Cottu. Je ne veux point également me faire le champion du ministère : je n'ai point mission pour ce faire, et ce n'est pas à un aussi faible joûteur que les ministres confieraient le soin de leur défense; ils ont des amis bien plus capables. Je suis, du reste, sans intérêt dans la querelle, et je n'écris que par amour de la vérité.

Si l'on considère ce modeste écrit comme une défense du ministère, je déclare d'avance que *ma voix n'est point une de celles qu'il paie*, et qu'il en est plusieurs parmi eux que je ne connais pas, même de vue.

La première chose qui m'a frappé en lisant une brochure de 99 pages, intitulée : *Considérations sur la mise en accusation des Ministres*, c'est que la discussion des articles des diverses lois qui peuvent s'appliquer à cette mise en accusation, la définition du crime à punir, etc., sont contenues en vingt pages seulement (de 49 à 69); tout le reste n'est qu'accessoire, et ne s'y rattache qu'indirectement.

En tacticien habile, M. Cottu a cherché, avant l'attaque, à prendre la meilleure position possible. De prime-abord, il accuse MM. de Villèlé, de Corbière et de Peyronnet, d'agir sans conscience, sans conviction, en un mot, d'être des tartufes politiques et religieux; le mot seul y manque, et c'est vraiment fâcheux, car, dans le moment actuel, il est devenu presqu'un cri de ralliement, et c'était encore un moyen d'exciter contre eux cette indignation publique, ces passions du peuple qu'il *est dangereux, mais quelquefois nécessaire de soulever.*

Une accusation si grave est sans doute appuyée de preuves palpables, convaincantes, écrasantes; je les ai cherchées vainement : ainsi donc, c'est sans preuve aucune qu'un magistrat porte une accusation terrible contre des hommes élevés au-dessus de lui dans la hiérarchie des pouvoirs sociaux; c'est sans preuve aucune qu'il dénonce à l'opinion publique le chef de la magistrature. Il agissait donc contre sa conscience, ce magistrat suprême, lorsqu'il faisait poursuivre les auteurs de ces pamphlets et de ces biographies révoltantes dont Paris a été infecté; lorsqu'il envoyait devant les tribunaux le mutilateur du livre saint; lorsqu'il présentait aux chambres une loi de répression contre la licence de la presse, loi sévère peut-être, mais réclamée par tous les hommes raisonnables, et nécessaire, afin de prémunir la presse contre ses propres excès? Mais les tribunaux sont donc ses complices, car ils ont condamné ? Mais la chambre des députés l'est donc aussi, car elle a adopté ? L'accusation s'étend et retombe sur le corps même dont M. Cottu fait partie. Ainsi donc, par sa banalité, elle tombe à faux, et se réfute d'elle-même.

Partant de ce point, vous reprochez aux ministres de suivre un système funeste ; mais connaissez-vous ce système ? avez-vous été appelé dans les conseils du Roi ? *C'est sciemment qu'ils nous perdent :* établissez donc et prouvez comment. *Ils livrent la France aux jésuites.* Ah ! voici les jésuites ; j'aurais été bien étonné de ne pas les retrouver là.

Ainsi donc, nous trouvons dès le commencement (page 8) le seul point sur lequel M. Cottu fait reposer son accusation : les ministres tolèrent les jésuites en France, malgré les arrêts des parlemens et les édits qui les en ont chassés ; ils ne font pas exécuter les lois du royaume : donc, ils sont coupables, et doivent être mis en accusation.

Au milieu de toute cette série d'attentats contre la Charte, c'est celui-ci que vous avez choisi. Eh bien, je vous suivrai sur ce terrain et tâcherai de vous y combattre.

Il est des points sur lesquels tout le monde est

d'accord, et chacun repousse ceux qui *voudraient la légitimité sans la Charte, et ceux qui voudraient la Charte sans la légitimité* (1). Les Bourbons sont sortis de France aux cris de vive la liberté. Et quelle liberté! Ils y sont rentrés aux cris de vive le Roi, ils y ont proclamé la Charte, œuvre de la sagesse d'un grand prince; ils ont répudié l'héritage du despotisme et consacré les libertés publiques, mais ils sont ennemis de la licence, et l'expérience leur a appris qu'elle se cache le plus souvent sous le manteau de la liberté.

Quel est donc le pouvoir qui veut usurper les droits reconnus par la Charte? Est-ce le ministère? Mais les chambres sont là pour les défendre. Est-ce la chambre des députés? Mais elle aura contre elle la chambre héréditaire et les ministres. Est-ce la chambre des pairs? Mais la chambre élective et les ministres les défendront. Si deux pouvoirs sont d'accord pour violer la Charte, le troisième ne suffit-il pas pour les arrêter? Concluons-en donc que ces prétendues violations de la Charte n'existent que dans la tête de ceux qui crient toujours contre tout ce qui se fait, quoi que ce soit, et qu'il n'est pas besoin

---

(1) Discours de M. de la Bourdonnaye, séance du 14 février.

de faire un appel à *l'énergie du peuple contre un pouvoir usurpateur, quelqu'il soit.*

Il est fort heureux pour la France que l'autorité usurpée par les parlemens se trouve aujourd'hui légalement transportée dans les chambres; et je ne doute pas que, malgré les regrets mal dissimulés de quelques membres du corps judiciaire, la majorité des magistrats ne soit satisfaite d'être rendue à ses véritables fonctions et de n'avoir plus à s'occuper qu'à appliquer les lois. Ainsi, malgré les *attentats énormes* du ministère actuel contre le pays, il est probable qu'il n'y aura pas de soulèvement comme il y en eut pour les simples abus de pouvoir du cardinal Mazarin; que nous n'aurons pas une seconde représentation de la guerre ridicule de la fronde; que nous ne verrons pas des conseillers quitter les fleurs de lys pour endosser la cuirasse et commander des régimens, levés aux frais de la compagnie, pour agir contre la couronne. Sous ce rapport, il est vrai, il s'est opéré un grand changement dans les mœurs, et la nation sait qu'elle n'a pas plus aujourd'hui qu'elle ne l'a jamais eu le droit d'en appeler à *son épée;* elle sait repousser les agitateurs de quelque masque qu'ils se couvrent, et sous quelque bannière qu'ils se présentent. Mais si le bon sens d'un peuple heureux sous un gouvernement sage et modéré, a fait justice, jusqu'ici, des déclamations des hommes de parti, est-il certain que des principes subversifs, reproduits chaque jour avec une assurance sans exemple, ne finissent par porter leurs fruits? Non, sans doute : il est donc du devoir du ministère d'arrêter le mal à sa source; et en prévenant des excès qui, par la publication de certains passages de certains écrits, deviennent probables, il rend service à la nation, et on doit le louer de sa prévoyance, au lieu de l'accuser d'attenter au pacte fondamental.

Un fait que personne ne peut nier, c'est qu'il existe une faction opposée à la royauté. Cette faction, héritière des principes de la révolution, s'est manifestée par ses œuvres. Le 20 mars, les conspirations de Béfort, de Saumur, du 19 août, de La Rochelle; les troubles de juin, tout l'a démasquée. Repoussée dans ses tentatives à force ouverte, elle a pris un autre moyen, et c'est en déversant le mépris sur les choses les plus respectables, qu'elle cherche à diminuer l'affection du peuple et à soulever ses passions. Son audace, accrue par l'impunité, ne connaît plus de bornes. Que l'on compare en effet ce qu'écrivaient ses organes il y a deux ans, à ce qu'ils osent écrire aujourd'hui, et que l'on juge. Faudra-t-il attendre, pour mettre un frein à leur insolence, que des événemens désastreux aient justifié les justes craintes des amis de la royauté? Et alors n'accuserait-on pas les ministres d'imprévoyance? Eh quoi! chaque jour les organes d'un parti attaqueront effrontément ce qu'il y a de plus respecté chez tous les hommes; ils iront vous chercher dans la vie privée, et livreront au mépris public vos actions les plus innocentes, qu'ils auront ou travesties, ou envenimées; ils porteront le trouble dans les familles, le déshonneur et la honte dans votre maison; et vous ne voulez pas qu'on arrête cette rage effrénée? Ils iront jusqu'à menacer d'augustes personnages, jusqu'à nous inquiéter sur le sort de la monarchie; et vous voulez que les ministres, pris au dépourvu, attendent les événemens pour agir? Quelque fatale que l'issue de ces événemens dût être pour leurs auteurs, n'est-il pas du devoir d'un gouvernement sage de les prévenir? Si le ministère ne le faisait pas, c'est alors qu'il serait accusable.

C'est depuis que la liberté illimitée d'écrire a dégénéré en licence, depuis que rien n'a été respecté, que les hommes les plus honorables ont été attaqués, que les principes les plus contraires au bon ordre et à la tranquillité publique ont été prônés et défendus, que l'on a cherché à limiter cette liberté. La Charte ne l'a pas défendu, et chacun a toujours le droit de publier ses opinions, mais en se conformant aux lois.

Il ne sera plus permis de calomnier, de diffamer, de prêcher la révolte, d'insulter la religion et ses ministres, sans s'exposer à des peines sévères. En vérité, voilà un grand malheur, et certaines gens prennent un bien tendre intérêt aux diffamateurs, aux calomniateurs et aux pamphlétaires.

Quant aux journaux, on doit exercer sur eux une surveillance d'autant plus grande, qu'ils ont une plus grande influence sur le peuple. Ce n'est pas à Paris, où les journaux opposés sont toujours l'un près de l'autre, et où l'on a sous la main le poison et le contre-poison ; mais dans les provinces, combien n'est-il pas de villes où l'on ne reçoit qu'un journal, et presque toujours un journal de l'opposition. On sait ce que sont, depuis quelque temps, les journaux de cette couleur; on sait de quelle manière tout y est travesti, et dans quel but. Comment veut-on que les gens qui ne lisent que ces journaux soient attachés au gouvernement du Roi? que doivent-ils penser des Chambres, des ministres qui y sont tour-à-tour insultés ou tournés en ridicule? N'est-il donc pas du devoir du ministère d'empêcher que des maximes dangereuses ne fermentent dans des têtes qui ne sont pas toujours capables de distinguer ce qui est bien de ce qui est mal, et d'empêcher que ce combat contre le principe de *torpeur et de paralysie* des habitans de la province, ne produise quelques-uns de ces effets désastreux contre lesquels il faut sévir?

Vous le savez bien comme nous, royalistes dissidens, et les premiers vous accuseriez les ministres, s'ils agissaient autrement qu'ils n'agissent; et dans leur position vous feriez comme eux. Votre opposition est une opposition de personnes et non de choses; cette opposition de personnes, on l'excuserait chez vous, si elle était modérée; mais ce qu'on ne vous pardonnera pas, c'est d'avoir défendu des principes révolutionnaires, des principes contre lesquels vous avez combattu; c'est de leur avoir donné du poids par vos discours; c'est d'avoir fourni, par vos paroles, des armes contre vos actions.

Exciperez-vous de votre bonne foi, de votre conscience? Mais les principes que vous adoptez aujourd'hui, vous les combattiez autrefois; vous trompiez-vous alors ? Non, sans doute. Vous êtes donc dans l'erreur aujourd'hui. Quand vous professez des principes erronnés, vous le faites sciemment, et vos sophismes ne peuvent déguiser le mécontentement d'une ambition déçue et mal déguisée.

Qui vous a dit que l'homme éclairé, pensant, comparant, jugeant, était un être ingouvernable? Y avait-il des hommes de cette espèce, sous le grand Roi, et les gouvernait-on? Sont-ce des hommes stupides, sont-ce des automates que prétend former un gouvernement qui exige de ceux qui se destinent au barreau, à l'administration, à l'art militaire, à la médecine, des connaissances préliminaires que l'on n'exigeait point autrefois? C'est donc encore un reproche sans fondement contre les ministres, que celui de n'être pas amis des lumières. Eh! quel est l'homme sans instruction qui oserait se produire aujourd'hui dans le monde? Dira-t-on que les gens de lettres, les savans, les hommes de mérite, ne sont pas les amis des ministres : cependant, je connais, parmi leurs amis, des hommes d'une haute capacité ; je les nommerais, si tout le monde ne les connaissait comme moi.

Entrerai-je dans la discussion que fait M. Cottu

des usages de l'Angleterre sur la mise en accusation des ministres, et sur les actes d'*impeachment*. Non, sans doute; nous ne sommes pas en Angleterre, et tous les usages du parlement ne pourraient peut-être pas, sans danger, passer daus nos chambres. Il me semble que, par ses pouvoirs immenses, il entre beaucoup trop dans le gouvernement. Il est vrai que nous n'en sommes pas encore venus au point de considérer le Roi de France comme absolument en dehors de son gouvernement, ainsi qu'est à peu près le roi d'Angleterre; et que, si l'on donnait aux chambres une assez grande influence sur les ministres, pour les forcer à suivre telle ou telle direction politique, ce sont les chambres qui gouverneraient, et non le Roi. Nous n'en sommes pas là, et sans doute, pour l'honneur de la couronne, nous n'y viendrons jamais : ce sera aussi pour le bien du royaume.

Comment les chambres pourraient-elles indiquer telle ou telle ligne à suivre? elles entreraient donc dans l'administration? et n'est-il pas certaines choses, des discussions diplomatiques, par exemple, d'où dépendent de hauts intérêts, qui ne peuvent être traitées à la tribune? Les chambres sont appelées à voter ou à rejeter les lois : là se borne leur coopération au gouvernement.

Si elles jugent que le système suivi par un ministère ne convient pas au pays, elles lui refusent leur vote, et les ministres sont remplacés ; nous en avons vu plus d'un exemple. Toute autre influence sur le ministère serait, je crois, nuisible aux intérêts du pays, et contraire aux principes du gouvernement représentatif.

Le point culminant de l'accusation portée contre le ministère, est, ainsi que je l'ai dit plus haut, l'inexécution des lois à l'égard des jésuites (1). Parmi cette longue série d'*attentats contre la Charte*, voilà celui qu'a choisi M. Cottu ; voilà la base de cette longue diatribe contre les ministres.

Je ne m'arrêterai pas à combattre les argumens par lesquels il cherche à établir que la Chambre des Députés est appelée à former cette accusation, et qu'il suffit qu'un crime soit défini par le code pénal, pour que la Chambre puisse, *de plano*, le considérer comme constituant le crime de trahison. Ses raisonnemens à cet égard sont susceptibles de controverse ; mais il est d'usage, avant d'accuser, de constater le corps du délit. Or, si je parviens à prou-

(1) Pages 52 et 53.

ver qu'il n'y a pas délit, alors il n'y a pas de loi applicable, et il n'est pas besoin de juges pour prononcer.

On reproche au ministère de ne tenir compte ni des considérans de l'arrêt de la Cour royale de Paris, ni du renvoi à lui fait par la Chambre des Pairs, de la pétition de M. le comte de Montlosier. La Cour royale dit, dans un des considérans de son arrêt, que *les principes professés par la Compagnie de Jésus sont essentiellement incompatibles avec l'indépendance de tout gouvernement, et particulièrement avec la Charte constitutionnelle, qui fait aujourd'hui la base du droit public des Français.* Cette opinion est celle de la Cour seulement, et n'est point obligatoire pour le Gouvernement, qui, en matière de réglement d'ordre public, me semble seul compétent; et qui l'a paru aussi à la Cour royale, qui a renvoyé la plainte devant la haute police du royaume. La Chambre des Pairs a renvoyé aussi aux ministres du Roi. C'est donc aux ministres du Roi et non à la Cour royale, à décider si les principes professés par les jésuites sont, ou non, incompatibles avec la sûreté du royaume; et dans le cas où ils penseraient autrement que la Cour royale, je ne vois point là matière à une mise en accusation.

On objecte qu'il y a arrêt souverain, qu'il y a édits ayant force de lois, et non abrogés; mais les édits contre la Compagnie de Jésus étaient des lois accordées aux idées du temps; et bien qu'elles portassent contr'eux la peine du bannissement perpétuel, elles n'ont jamais été exécutées à la rigueur, car il est toujours resté en France beaucoup de ses membres jusqu'à la révolution; et on les a vus y rentrer aussitôt que les autels ont été relevés. Mais sous l'empire de la Charte et dans l'état actuel de la législation, je ne crois pas que l'on puisse les chasser sans violer et la Charte et les lois.

D'après l'article 5 de la Charte constitutionnelle, chacun professe sa religion avec une égale liberté. Ainsi on peut être, en France, catholique romain, catholique gallican, calviniste, luthérien, jésuite ou trapiste; et pourvu que l'on ne trouble pas l'ordre public, on obtient pour son culte la même protection. Ainsi donc, expulser de France un Français parce qu'il est jésuite, serait un attentat contre la liberté individuelle, un véritable attentat contre la charte, dont on violerait l'art. 5; ce serait une persécution odieuse pour opinion religieuse. Mais, dit-on, qui parle de persécution? Amis de la liberté, de la tolérance, nous ne voulons persécuter personne, mais que les jésuites n'enseignent pas, qu'ils ne se réunissent pas, *qu'ils rentrent dans la vie privée, et qu'ils croient ce qu'ils voudront sur l'autorité temporelle du pape.* Eh quoi! ces jésuites si dangereux, ces hommes dont les principes sont subversifs de tout gouvernement, vous les tolérez individuellement et vous les repoussez réunis. Ainsi donc, dix ou vingt jésuites qui habiteront la même ville, et qui, quoique séparés, pourront se réunir et se voir chaque jour, seront moins dangereux que s'ils habitent la même maison; eh! s'il y a vraiment danger, réunis ou séparés, le danger n'est-il pas le même? Si telle ou telle opinion n'est pas coupable chez mille individus pris isolément, le sera-t-elle davantage chez mille individus réunis? non sans doute. Alors ne parlez donc pas d'un danger auquel vous ne croyez pas, ou mettez-vous d'accord avec vous-mêmes.

Qu'ils renoncent à l'enseignement dans les colléges; mais ils peuvent y être appelés comme tous les Français. *Les évêques les ont déguisés sous le nom de petits séminaires;* mais ces petits séminaires ne sont établis que par ordonnance du Roi; le Gouvernement en connaît donc les professeurs. Le ministre de l'intérieur sait donc quel enseignement y reçoivent les jeunes élèves;

sans doute il ne tolérerait pas qu'on y enseignât rien qui n'y dût être enseigné.

Vous refusez aux jésuites le droit d'enseigner! Les bornes que je me suis prescrit ne me permettent pas de faire ressortir ici les avantages immenses que présentent les corps enseignans pour l'éducation de la jeunesse. Mais, je le demande à tous les hommes de bonne foi : Quelle compagnie a jamais mieux justifié la confiance que, sous ce rapport, on lui a accordée? N'est-ce pas de ses colléges que sont sortis tous ou presque tous les hommes marquans des deux derniers siècles qui, certes, n'en ont pas manqué? N'est-ce pas de ses colléges que sont sortis ces hommes généreux qui, à l'aurore de la révolution, vinrent défendre dans les états-généraux les droits de la couronne, contre les novateurs, et périrent presque tous victimes de leur attachement a leur roi et à notre antique monarchie? Que si des hommes de cette trempe sortent encore des colléges dont la direction leur est dit-on confiée, ces jésuites auront-ils bien ou mal mérité du pays, et le gouvernement sera-t-il coupable de s'entourer de leurs élèves? Lorsque les jésuites furent proscrits, ils emportèrent leurs cahiers, et les mémoires du temps font foi qu'une lacune immense se fit sentir dans l'éducation de la jeunesse; quoi qu'on ait fait depuis, cette lacune n'a pas été remplie; l'université impériale était composée de savans, sans doute; l'université actuelle est pleine de gens de haut méritent; mais il n'est pas donné à tout le monde d'instruire, et sous ce rapport quelle compagnie a mieux prouvé sa capacité que la compagnie de Jésus? Et pourtant c'est comme corps enseignant que les jésuites ont toujours vu s'élever contre eux l'animosité des autres corps: à peine établis en France ils furent attaqués par l'université, maltraités par les parlemens, et obligés d'être toujours sur la brèche jusqu'au moment ou le philosophisme du dernier siècle qu'ils avaient tant combattu, ayant enfin envahi et la ville et la cour, ils succombèrent dans cette longue lutte, estimés encore comme particuliers de ceux qui les combattaient comme société et qui disaient, comme aujourd'hui, qu'ils rentrent dans la vie privée, et qu'ils pensent ce qu'ils voudront.

Aujourd'hui ce n'est plus seulement le philosophisme qui les poursuit, c'est encore l'esprit de la révolution; cet esprit qu'ils combattent et qui sent combien ils sont dangereux pour lui; et que l'on ne s'y trompe pas, ce ne sont pas les jésuites proprement dits que l'on attaque, ce sont tous les amis de l'ordre, de la monarchie, de la religion, c'est le clergé tout entier et en masse que l'on confond dans la même dénomination; je n'en veux pour preuve que la brochure de M. Cottu.

En laissant à des Français le libre exercice des droits que leur a reconnus la Charte, les ministres ne commettent donc pas d'attentat contre la Charte ; il n'y a donc pas lieu à accusation contr'eux ; si l'on objecte que les édits n'ont pas été rapportés, qu'ils ont encore force de loi, et que *la loi seule peut dispenser des prohibitions de la loi;* je répondrai que les édits en question sont incompatibles avec la Charte, contraires à la liberté individuelle et au libre exercice des cultes; que, par conséquent, ils sont rapportés au terme de l'article 68 de la Charte ; et loin d'avoir lieu à accuser les ministres dans le cas actuel, il pourrait y avoir lieu à accusation contr'eux si, ainsi que vous le demandez, ils suivaient les édits dans toute leur rigueur.

Puisqu'il n'y a pas de crime, il n'y a donc pas lieu de discuter la manière dont il doit être jugé et la peine à y appliquer. Il y aurait trop à dire sur ces deux points.

Abandonnant rapidement cette accusation,

qui n'est qu'accessoire dans sa brochure, M. Cottu passe aux reproches qu'il croit avoir à adresser aux ministres, sur le prétendu état d'hostilité où ils se sont placés vis-à-vis de la magistrature. Ceux qui lisent les journaux libéraux y ont trouvé la substance de ce qu'il dit à ce sujet; seulement, il fait au ministère un reproche déplacé, quant à la présentation de la loi sur le jury. Il y a plusieurs années que cette loi était réclamée vivement par tout le monde, et plus encore par l'opposition : si le ministère ne l'eût pas présentée, on l'eût blâmé; il la présente, on inculpe ses intentions: en vérité, il faut avoir grande envie de chercher chicane aux gens; et quand on a de pareils adversaires, n'a-t-on pas raison de laisser dire, et de faire ce que l'on croit bon et utile, sans tenir compte des criailleries des gens de parti.

Ce n'est pas sans intention que M. Cottu insiste sur les griefs prétendus de la magistrature; cette intention perce dans sa brochure (pag. 81 et 82). Mais nous ne sommes plus au temps où les parlemens venaient en corps demander l'expulsion d'un ministre, ou faire des remontrances; et cet honorable magistrat, si partisan des idées nouvelles, me paraît bien regretter ce bon temps.

Les accusations que porte M. Cottu contre le clergé en général, sur son esprit d'envahissement, snr son influence politique, sont extraites à-peu-près littéralement des brochures de M. le comte de Montlosier et autres, et n'ont pas le mérite de la nouveauté ; mais elles sont aussi dénuées de preuves que toutes les accusations bannales que l'on porte chaque jour contre lui. L'esprit prêtre, l'esprit ultramontain, l'esprit d'envahissement du clergé, sont des expressions de convention dont ceux-là seuls qui s'en servent connaissent la signification, si toutefois ils l'entendent tous de la même manière. Mais comme toutes les choses mal précisées n'étant appuyées sur rien de positif, elles tombent dans le vague, et ne devraient point se trouver dans les écrits d'un homme habitué à ne juger que sur des preuves matérielles.

En résumé la brochure de M. Cottu est un hors-d'œuvre politique, une revue de tout ce qui s'est fait depuis trois mois, plutôt qu'une accusation véritable contre les ministres ; ce qu'il dit, vingt journaux l'ont dit avant lui, il n'a que le mérite du style ; mais son indignation vraie ou l'a emporté beaucoup trop loin, et quelquefois jusqu'à prêcher la révolte : il s'est constitué juge de la conscience de ceux qu'il accuse, ce qui n'appartient qu'à Dieu seul ; par son rang dans le monde il a fourni une ample mine de scandale à exploiter, et Dieu sait qu'on n'y manquera pas. En sortant des bornes de la modération, il a compromis son caractère de magistrat ? La véhémence de l'attaque justifiant la véhémence de la défense : membre d'une compagnie respectable, il devait à sa compagnie il se devait à lui-même, de rester dans les limites d'une controverse décente et modérée, et il a eu tort d'aller au-delà : nous ne sommes pas en Angleterre ; nous avons conservé le sentiment des convenances, et nous pensons que les hommes investis de la confiance du Souverain ont droit à plus d'égards.

www.ingramcontent.com/pod-product-compliance
Ingram Content Group UK Ltd.
Pitfield, Milton Keynes, MK11 3LW, UK
UKHW021037200726
13857UKWH00005B/1766

9 782012 784246